Made in the USA
Middletown, DE
04 September 2024

60341862R00068